What to Do When It's Not Fair

面對不公平怎麼辦？

A Kid's Guide to Handling Envy and Jealousy

幫助孩子處理
羨慕與忌妒

Jacqueline B. Toner, PhD　Claire A. B. Freeland, PhD 著
David Thompson 繪圖　自然就好心理諮商所 策劃
陳信昭 審閱　陳信昭 陳玠綸 譯

What to Do When It's Not Fair

A Kid'S Guide
to Handling
Envy and Jealousy

by Jacqueline B. Toner, PhD,
and Claire A. B. Freeland, PhD

illustrated by David Thompson

目　錄

對父母及照顧者的說明

羨慕是你情緒種類的一部分。每當你期待擁有別人已經有的東西，你就有可能出現羨慕的心情，而那些東西可能是一間更大的房子、一部更棒的車子，或是一段美好的假期。你有時候也會妒忌別人獲得優先的關照，例如，你的老闆特別照顧你其他同事，或是你的朋友忙著跟別人打交道。就像你一樣，孩子在許多不同情境下也經常會遭遇到羨慕——以及它的表親妒忌。然而，成人比較有能力看到孩子尚未知道的狀況，那就是：慾望和羨慕總是來來去去。

掙扎於羨慕情緒的孩子總是過度聚焦在別人擁有他們想要的東西。他們對別人的好運展現出不恰當的反應。他們渴望著父母、老師及同儕的關注。他們知覺自己身分認同的根據是別人所擁有的以及自己想要的東西。再者，孩子可能無法了解或體認到自己正感覺到羨慕，並且表現得很有攻擊性，或是出現發脾氣或其他不良行為。或者，孩子也可能變得退

縮，甚至放棄學習技巧或達到目標。羨慕是一種相當爲難的情緒，它可能會干擾家庭關係、影響友誼，以及減損自尊。如果這些問題起源於羨慕，身爲父母的你可以做些什麼呢？

《面對不公平怎麼辦？》會教導你的孩子藉由發現到製造羨慕心態的一些想法而獲得洞察，並且發展出不同的想法，這些想法或許無法完全消除羨慕心態，卻可以降低它的衝擊。一旦想法獲得改變，情緒和行爲也勢必跟著改變。只要不斷練習，孩子就能用更合乎現實的方式來思考。一旦他們可以做到這樣，他們就比較不會受到羨慕的擺布了。

父母通常被逼著先對當下的行爲做回應。父母可能會要求繃著臉、不合作的孩子「暫停一下」，隨後就要他們回到比較合作的態度。那樣做或許可以暫時改善行爲，但你更需要協助孩子增加他們的覺察，並且發展出因應策略，以面對羨慕再度來襲。掙扎於羨慕的孩子需要額外的協助，以處理伴隨此情緒而來的感覺和行爲。直接處理他們的感覺可能會有幫助，這些感覺包括失去你或另一位父母或成人的關注、想要擁有別人所擁有的、感覺被忽略，或是感到不如別人。

同時，父母可以教導孩子很重要的一些人生經驗，包括爲自己擁有的事物表達感激、原諒和遺忘別人的過錯，以及對他人慷慨等等。或許你在其他時候或其他情況下已經提醒過他們有多幸運。或許你也指出了他們曾擁有過別人所沒有的東西或機運。或者你也可能提醒過他們，過去有一些朋友曾與他們共度時光，但這些朋友如今已不再受到他們重視。如果你的孩子不只一個，你一定不只一次告訴他們，公平不表示每個人永遠都可以獲得想要的東西，在一個家庭裡，

重要的是每個人都輪流有一個機會，或是可以替全部的人做選擇。沒有人應該永遠拿著電視遙控器！然而，有些孩子比別人更難接受這些訊息，他們需要有更多的協助來體認到羨慕，並且用不同的方式來思考他們的經驗。影響我們情緒的不單只是發生在我們身上的事情，也包括我們如何了解及詮釋那些事情。父母可以溫和地引導孩子用不同的方式來思考那些令人不舒服、不幸的或是令人羨慕的情境。孩子可以學習挑戰他們的初始想法，然後擺脫掉羨慕心態。

我們希望本書有助於你協助孩子學習因應羨慕。我們鼓勵你先自己一個人讀過這整本書。對本書技術所潛藏的心理學有個基本的了解，將會有助於你用有效的方式來指導孩子。接下來你就可以跟孩子一起讀，但一次只讀一或兩章。在閱讀的時候，你或許會回憶起孩子最近面對的類似事件。如果真是如此，可以考慮提醒孩子回想這些狀況。如果此時他有些生氣，你可以用書上的例子來探討如何幫助他用不同的方式來思考。不論如何，如果他對引發羨慕的情況因應良好，就可以稱讚他使用的技巧。探問一下他運用何種想法來處理那些羨慕感覺。藉由強調這些成功經驗，你就是在鼓勵孩子再次運用這些策略。

要記住，學習分析自己的想法是一種發展的過程。不同年齡的孩子在想出不同想法的能力方面有相當大的差異。然而，你還是可以教導你孩子反思他們的想法，或許在經過不斷練習之後，就可以用不同的方式來思考。至少，一起留意想法、感覺和行為，可以給你們的家庭一個處理情緒經驗的機會。

當然，光是跟孩子一起閱讀一本書並不會讓他立即有能力去面對羨慕。要能做到那樣，必須經過許多指導下的練習及經驗。書中的例子和討論是用來幫助你與孩子有效地討論出如何挑戰羨慕想法。在這麼做的過程中，你就在支持孩子發展出因應技巧。我們鼓勵你持續強化有關感覺、想法及行為間的連結等方面的新學習。你的孩子無法完全免於羨慕感覺，但你將會更少聽到他在說「不公平」。

第一章

哇哈哈！

假扮成海盜是一件很有趣的事情。

你和你的同伴們把船駛向大海，尋找著寶藏。

你那隻可靠的鸚鵡站在你的肩膀上，艷陽正高照著，而你的藏寶圖正為你指出裝滿金幣大箱子的位置。

「哇哈哈！」你大喊。

多麼棒的生活呀！

海盜生活的美好一天包括了：

◎ 一艘海盜船，還有一群
　強壯且勇敢的同伴們。

◎ 一個裝滿最高等級金
　幣的巨大藏寶箱。

◎ 一隻忠心耿耿的鸚鵡寵物。

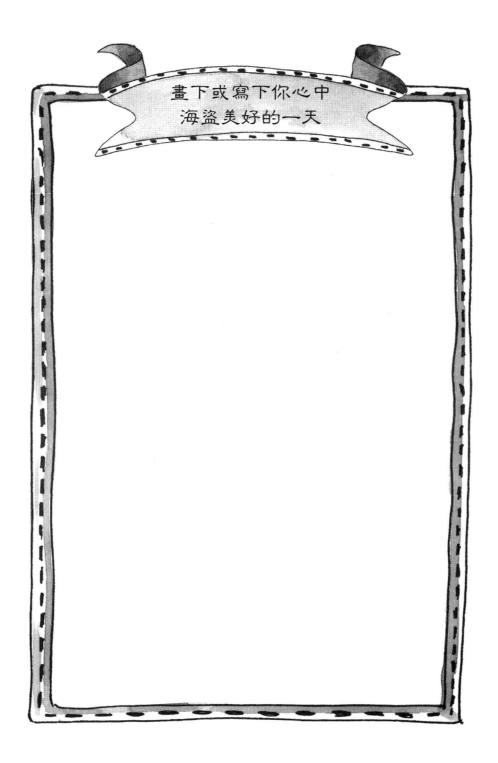

畫下或寫下你心中
海盜美好的一天

什麼會讓你開心呢？

很多小孩子覺得一個特別開心的一天要包括：得到別人特別的關注、獲得新玩具、玩贏遊戲，或是去一個超級酷的地方。

玩贏遊戲以及得到特殊對待的感覺很棒。

既然你已經創造了一個夢想中的海盜生活，那何不想像一下屬於你自己的呢？

你心目中美好的一天是怎麼樣的呢？

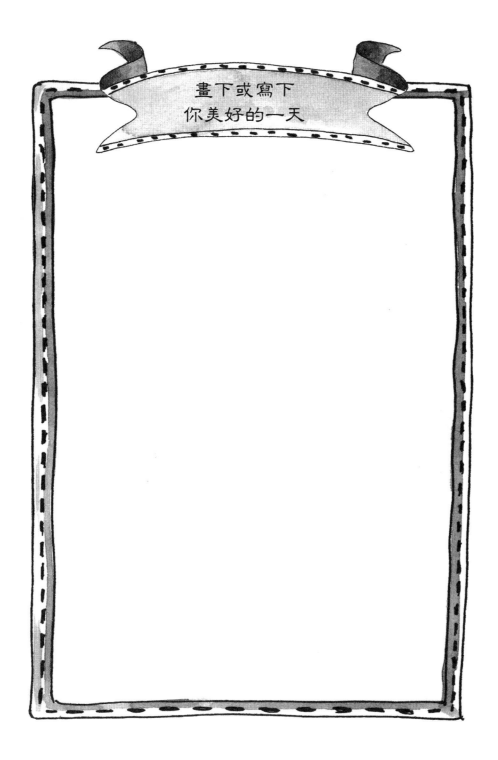

畫下或寫下
你美好的一天

所有的時間都很快樂，不是很棒嗎？

可是沒有人所有時間都很快樂。有時候不好的事情發生會讓我們一天過得不好，就像海盜在載運黃金回航時，也可能不小心掉了黃金，讓它沉入大海的深處。那種情況當然會搞砸海盜原本美好的一天。

有時候，美好的一天並不是被不好的事情或壞運氣搞砸，而是被搞破壞的某種感覺搞砸。搞破壞的其中一種感覺就是**羨慕**。每當別人擁有你認為比你所擁有更好的東西，或是別人做出比你更棒的事情，或者是別人獲得比你更多的關注，羨慕感覺就可能會出現。

以下是它的運作方式：

還記得那個裝黃金的巨大藏寶箱嗎？假設那一位快樂海盜偵察到另一艘海盜船，同時看到甲板上正放著一個比他的更大的黃金藏寶箱。之前海盜都會這樣想「我擁有一堆很棒、很大的寶藏。」如今海盜可能會想「我的寶藏看來沒有很多，我想要更大的寶藏。」由於羨慕跑出來搞破壞，他的心情從快樂變成不開心。

你曾經感到不開心，卻不知道究竟為什麼會這樣，或是不知道該怎麼辦嗎？

你曾經發生過下列情況嗎？

◎ 你花一整天從家裡找出一些東西拼湊出萬聖節要穿的海盜服，卻發現你朋友的媽媽幫他買了一件幾可亂真的服裝。你**羨慕**朋友擁有一件令人驚艷的服裝。

◎ 你去參加小喇叭獨奏選拔，但沒有被選上。你**羨慕**那個被選上獨奏的孩子。

◎ 你錯失了原本可以獲勝的臨門一踢。你**羨慕**其他隊伍的勝利。

當一個人想要別人所擁有的東西，他就可能出現羨慕的感覺。請留意，在每一種情況下，別人可能擁有更好的東西，或是贏得某項比賽，或者是獲得比較多的關注——也就是說，每一種情況都涉及到別人。除非你拿自己或自己所擁有的東西或你自己的情況去和別人比較，否則你不會感到羨慕。請記住，那個擁有金幣的海盜一直很滿足於他所擁有的寶藏，直到他看見另一個海盜擁有更多的寶藏。接下來他就開始羨慕另一個海盜。

羨慕有它的優點。如果你羨慕某個人彈鋼琴彈得很好,那你可能會決定要多練習一些。如果你羨慕朋友的玩具,你可能會額外多做一些家事,以便多賺一些零用錢來買玩具。如果你羨慕同學的數學很厲害,你可能會在學校裡更努力學習。

可是羨慕也會造成問題。它可能會讓你心情不好。一旦你心情不好,你就可能會做出讓你惹上麻煩的事情。羨慕會讓你感到挫折,並且讓你放棄努力。

想一下有哪一次你感到極度的羨慕,以至於讓你非常不開心。可能是你朋友上學的時候帶來你心中非常想要擁有的一項玩具。可能是你妹妹可以跟奶奶去一個你很想去的地方。可能是你鄰居參加體操比賽獲獎的照片被刊在新聞報紙上面。可能是一群同學一起去看電影,但卻沒有邀你。或者可能是其他某件「不公平」的事情。

在下一頁的空白處描述一下你的感覺。

畫出或寫下什麼狀況
會讓你感到羨慕

　　本書將會教導你羨慕的原因，以及如何處理這種很為
難的感覺，如此一來，你就可以快樂地航向大海了！

第二章
放下你的望遠鏡

或許你曾注意到在電影或書裡面，海盜常會使用望遠鏡。他們用望遠鏡來觀測其他船隻以及遠處的陸地。

當然，當他們努力觀察遠處的小東西，就看不見他們身邊的其他東西。

有時候他們錯過了巨大且重要的事情；有時候他們錯過了有趣的事物；有時候，他們忽略他們早就擁有的美麗寶藏。

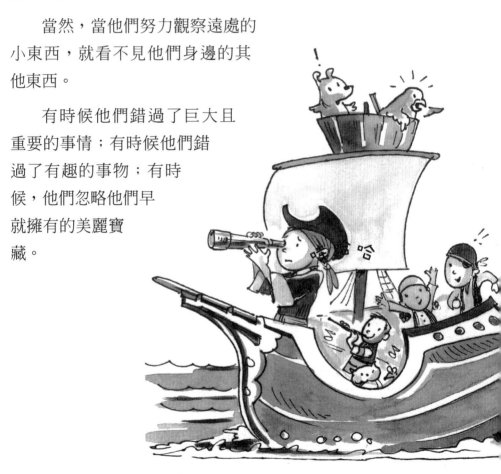

現實世界中，人們有時也會太執著於一件事情而錯過了其他事情。你有沒有曾經因為太專心看電視，因此沒聽到媽媽在催促你去吃晚餐呢？

　　有時候孩子們會太**執著於**那些其他孩子擁有、但他自己卻沒有的東西。那可能是一樣東西，例如一個玩具或很棒的院子。也可能是做某件事的機會，例如一趟旅行或者是學習划船。當一個孩子發現別人正在做一件他想做的事，或者擁有他所沒有的東西時，他便會感到羨慕。

　　就像海盜使用望遠鏡一樣，孩子會**執著於**他想要的東西，卻忽略了他已經擁有的東西。

有時候，孩子也會對其他孩子感到羨慕。想像一下：

　　威爾買了一款新的電玩遊戲。它不是普通遊戲，而是每個孩子都在討論的最夯款。它真的很酷，以至於艾倫、伊莉和恩迪亞都想在放學後到威爾家玩那款遊戲。萊拉感到滿滿的羨慕。她發覺自己不斷想著那群孩子們在玩那款她很想玩的遊戲。她希望其他孩子可以來她家。萊拉感到很不開心，於是她便直接回了家，而不是跑去加入在威爾家玩電玩的那群孩子們。萊拉的羨慕太強大，使她錯失了可以加入他們並玩到超酷遊戲的機會。

　　這樣聽起來一點都不開心了，對吧？

以下是另一個例子。

　　如果你最好的朋友有一顆超酷的籃球，你便會透過你的望遠鏡看著那顆籃球，並希望你自己也有一顆。此時，你就會忘記你其實已經擁有了：

◎ 一件很棒的球衣。

◎ 一顆有點舊、但依然很好打的籃球。

◎ 一個很酷的籃板與籃框。

◎ 還有……**一個最要好的朋友！**

當你使用望遠鏡時，最特別的狀況就是，你會看到那些你想看到的好東西，卻忽略掉你已經擁有的美好事物。一旦這種狀況發生，你的羨慕就會影響你，並且讓你不開心。羨慕可以讓你忘記你所擁有的東西；可以讓你停止做自己喜歡的事情；甚至可以讓你對別人感到生氣。一旦人們感到生氣，他們常會說出或做出傷害別人的話語或行為。

如果你正感到羨慕，你可以問問自己，「我變成海盜了嗎？我是不是太過執著於我想要的東西？我是不是錯過了其他很重要的事情呢？」

所以，一個海盜（或是像你這樣子的小朋友）該怎麼做呢？

好好地控制你的望遠鏡！不要一直持續看著你想要的東西。放下你的望遠鏡並好好觀察四周，你是否已經擁有了不少早已被你遺忘、但卻很棒的東西呢？

畢竟，只會用望遠鏡不斷看著他所盼望的寶藏的一個海盜，就會忘記他已經擁有的黃金，或那艘超棒的海盜船，甚至是他的同伴們！

艾瑪不太能夠放下她的望遠鏡。

她是如此地執著於她想要得到的小狗，以至於她忽略了她早已擁有的那些很酷的寵物。

你可以圈出艾瑪忽略了什麼嗎？

艾瑪擁有的很酷寵物：

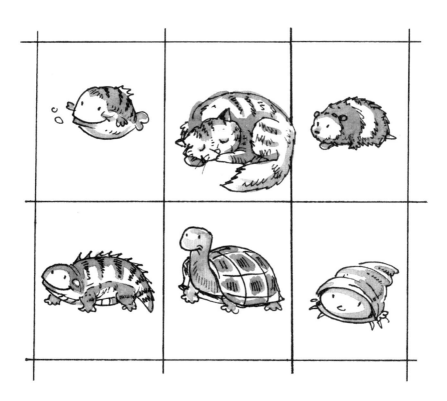

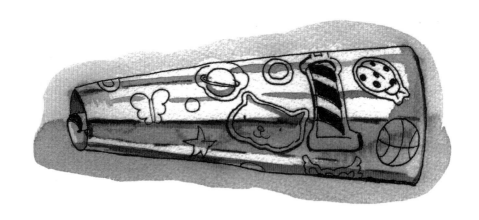

　　現在是由你自己試看看的時候了。製作一個屬於你自己的望遠鏡,然後用它來觀看一樣東西。然後,放下它!看看你遺漏了周遭多少東西?

第一步：製作一個你專屬的望遠鏡

1. 問看看爸媽有沒有管狀紙板,像是捲筒式衛生紙中間的那種厚紙板管。或是捲起一張色紙,把它用膠帶黏好,就成了一支望遠鏡。

2. 你也可以裝飾一下你的望遠鏡。你可以貼上貼紙,也可以畫些海盜的圖案在上面。

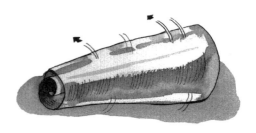

第二步：假裝你是海盜

1. 好，現在站在一個擺滿你最喜愛玩具的房間裡。

2. 看看四周，你看見了什麼呢？

3. 閉上一隻眼睛，然後用另一隻眼睛從望遠鏡看出去。

4. 用你的望遠鏡對準一個玩具。

5. 仔細想想，要是你用望遠鏡看著這個玩具，有什麼玩具是你也很喜歡，但卻因為望遠鏡的關係，讓你看不到了呢？

第三步：放下你的望遠鏡

現在，不用望遠鏡，你的眼睛看見了什麼呢？你還記得那些你喜愛的東西嗎？可以看見那些你擁有的物品嗎？你可以看到它們全部嗎？

所以，就如同你用你製作的望遠鏡看著某樣東西一般，你可以想到你曾經因為太執著於想要某樣你沒有的東西，而遺忘了那些你擁有的美好事物嗎？像是你看到你的隊友穿著你最想要的釘鞋走上了球場，你會因此忘記你才剛得到一個新的運動裝備嗎？若你的朋友告訴你說他去了遊樂園，而且還搭了三次雲霄飛車，你會因此忘掉你在這個暑假所做過的開心事嗎？

畫下或寫下你曾經太過於想要獲得某樣東西，而使得你忽略了那些你已經擁有的東西。

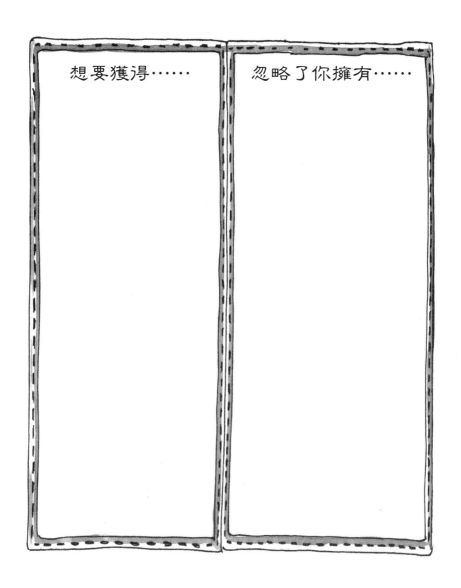

想要獲得……	忽略了你擁有……

　　如果你很難想到一個例子，可以向爸媽尋求幫助。若是下次你又迷失在四周的好東西，要提醒自己，做一個聰明的海盜。若你學會放下你的望遠鏡，羨慕就不會影響你！

第三章

轉動船舵

海盜必須依靠著風來推動他的船，但風卻不一定總是吹向海盜想要航行的方向。事實上，有時候風會把他吹向危險之處。一個聰明的海盜不會讓風掌控他的船，他會檢查地圖來確保方向正確，也會觀察航海圖以避開危險的石頭和淺灘，最後，他便會緊握船舵，安全地航向目的地。

　　有時候，人們會因為一些想法而走錯方向。就像那個聰明的海盜，他們必須時常改變路線來確保他們前方沒有危險。

讓我們想想在實際情況中，改變一個人的想法可以怎麼幫助他們？你有兄弟姐妹嗎？他們可曾做過什麼事是你不能做的嗎？你曾因爲這樣而感到不開心嗎？這的確困擾著蘇菲亞！

　　有時人們會不小心讓他們的第一個念頭影響了他們。蘇菲亞的第一個想法是：「媽媽比較喜歡卡羅，難怪他可以有額外的電視時間，**還**可以跟媽媽一起看！」當然，這聽來不公平，而且會讓蘇菲亞感到羨慕。而當她感到羨慕時，她便會心煩意亂。

　　但要是蘇菲亞可以控制她的思緒並換個想法呢？她可以開始在腦中尋找卡羅能比她晚睡的其他原因。

蘇菲亞的哪個想法對你來說最有道理呢？

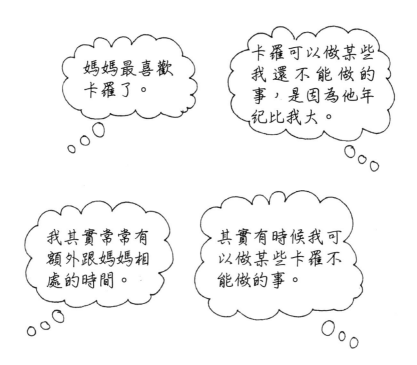

換個想法或許可以改變蘇菲亞對於卡羅比她晚睡的感覺。

只要她改變想法，她就比較不那麼感到羨慕了，而且可以好好睡上一覺，不會心煩意亂。

以下是蘇菲亞認為卡羅可以比他晚睡的原因，請你畫下她那麼想的時候臉上的表情。

我可以在媽媽做
晚餐時跟她看電
視，那時候卡羅
在寫功課。

　　你不覺得很酷嗎？當蘇菲亞想出更多合乎現實的理由
來解釋某件讓她不開心的事時，不同的想法便改變了她內
心的感覺。

　　猜猜怎麼了？你學會了新的事情！

人們的想法決定了他們的感覺！

　　當你換個想法來看待發生在
你身上的事情，那種新的觀點便
可能改變你內心的感覺！

讓我們看看另一個例子。幫助麥可把他的海盜船開往更好的方向，並且改變他的想法。

麥可的哥哥成績全部 A 級分。麥可覺得：「傑瑞米很聰明，他每學期都登上學校的榮譽榜。我一點都比不上傑瑞米。」

在一個家庭中，每個成員有著不同的天分。麥可的哥哥可能很認真，而且對讀書很有天分，但麥可是一個很有藝術細胞和創造力的人。他可以畫出帶有許多細節的跑車，甚至還在校內的繪畫比賽中得獎。

若是麥可覺得：「我的哥哥很聰明，但我一點都不。」他便會感到羨慕。

所以，若是麥可覺得：

「＿＿＿＿＿＿＿＿＿＿＿＿＿＿＿＿＿＿＿＿＿」

他就會覺得好一點。

填入你認為麥可該怎麼想會覺得好一點。

改變想法也幫助了艾瑪覺得好一點。

艾瑪感到羨慕，因為她爸爸花了好多時間與她姐姐在一起。

讓我們幫助艾瑪改變她的想法，讓她可以將她的海盜船駛向更正確的方向。

在不同的時間裡，家長會花多一點時間陪某個特定的家庭成員。艾瑪的姐姐可能在課業方面需要更多的協助，或是需要額外的鼓勵。

若是艾瑪覺得：「我和爸爸在一起的時間要跟姐姐一樣多。」她便會感到羨慕。

若是艾瑪覺得：

「＿＿＿＿＿＿＿＿＿＿＿＿＿＿＿＿＿＿＿＿」

她就會覺得好一點。

填入你覺得艾瑪該怎麼想會覺得好一點呢。

並不是每個人都有兄弟姐妹。那不重要——獨生子有時候也會感到羨慕。

特洛伊的爸媽告訴他說，今晚保母格林小姐會來家裡陪他，但特洛伊希望他可以跟他的父母一起出門。讓我們幫幫特洛伊改變他的想法吧！

大人們有時候需要一些屬於大人們自己的時光。當小孩子沒有跟大人一起出去時，大人們會選擇去一些小孩容易感到無聊的地方。

若是特洛伊覺得：「不公平！我要跟爸媽一起出門！」他便會感到羨慕。

若是特洛伊覺得：

「＿＿＿＿＿＿＿＿＿＿＿＿＿＿＿＿＿＿＿」

他便會覺得好一點。

填入你覺得特洛伊該怎麼想會覺得好一點。

你看！當麥可、艾瑪和特洛伊換個想法之後，他們都改變了他們內心的感覺，而且心裡覺得好一點。

但有時海盜會遇上暴風雨，他的船在巨大的海浪中不受控制。這時，地圖跟航海圖便派不上用場，因為暴風雨無可逃避。羨慕有時候會像暴風雨一樣。有時，總會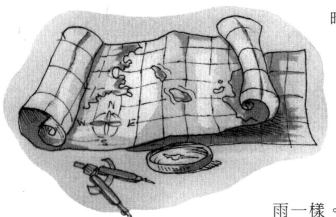有一些你無法避免的感覺和想法，你可能會發現某些……真的很不公平的事情。那你該怎麼辦呢？

你必須學著**放掉**那些羨慕。舉例來說，伊莎貝爾的奶奶送了她和她妹一人一件衣服。伊莎貝爾的是紅色，而妹妹的則是綠色。伊莎貝爾感到羨慕，因為她比較喜歡綠色的那一件。但伊莎貝爾知道，當你收到別人送的禮物時，一定要說：「謝謝。」不管你喜歡那個禮物與否。試著不要抱怨你衣服的顏色，才是放掉羨慕的方法。

當你感到非常羨慕時，當下的感覺很痛苦，你會覺得心情再也好不起來了。

　　但若是你等一等，靜下心來，你會發現羨慕這種感覺並不會持續太久，它就像是海浪一般，有高有低。

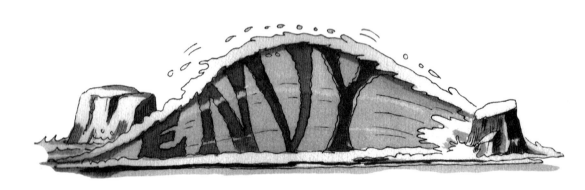

　　最後，當你不再感到那麼羨慕時，你便是**放掉**了它。

　　現在你練習看看。

　　列出三項使你感到羨慕的事情 —— 可能是你某個兄弟姐妹擁有某樣東西，或是發生了某件讓你感到羨慕的事情。

決定一下要換個想法，或是放掉羨慕想法：

我的羨慕想法是：　　　　　　　　　　圈選一種

1.　＿＿＿＿＿＿＿＿＿＿＿＿　　　換個想法。

　　＿＿＿＿＿＿＿＿＿＿＿＿　　　放掉它！

　　＿＿＿＿＿＿＿＿＿＿＿＿

2.　＿＿＿＿＿＿＿＿＿＿＿＿　　　換個想法。

　　＿＿＿＿＿＿＿＿＿＿＿＿　　　放掉它！

　　＿＿＿＿＿＿＿＿＿＿＿＿

3.　＿＿＿＿＿＿＿＿＿＿＿＿　　　換個想法。

　　＿＿＿＿＿＿＿＿＿＿＿＿　　　放掉它！

　　＿＿＿＿＿＿＿＿＿＿＿＿

　　當你把你的羨慕轉換成文字時，你便可以決定什麼方式最能讓你自己轉換想法，並找出最適合你這位海盜的航行方向。

44

第四章

繼續航行

如果一陣強風突然將海盜船吹離航道，那該怎麼辦呢？他的船可能被吹進充滿沙洲和大圓石的封閉小港灣。如果他不能從中找到出口，他或許就會卡在淺水灘，甚至更糟地將船身撞出一個大洞呢！還好，我們的海盜有充分的準備。他有事先蒐集每個小港灣的地圖，也有導航工具來幫他精確地掌握船隻究竟漂流到哪裡。還有，最重要的是，他之前已經多次練習如何操控船隻進出封閉的地形。

一旦羨慕要將你吹向充滿石頭的淺水灘，你同樣也可以事先有所準備。羨慕想法可能會偷襲你，但就像多次練習如何化解阻礙的海盜一樣，在你感到羨慕的時候，你也可以做好心理準備以迎接那些充滿挑戰的時光——在它們出現之前。

事實是有許多常見的經驗可以讓人感到羨慕。這些情況被稱為羨慕**觸發點**（triggers）。

有些觸發點幾乎會引發每個人的羨慕感覺，就像被朋友忽略或排斥。這些事情會讓你把事實想歪。

這裡有個好消息。在你沒有出現羨慕感覺的時候可以花點時間想想，通常有哪些觸發點會讓你不開心。這是讓你的思考變得更加強壯的一種方式。

更棒的是，在這些情況出現的時候，你可以事先做好面對的準備。畢竟，一旦船已觸礁，就不太可能啓航。

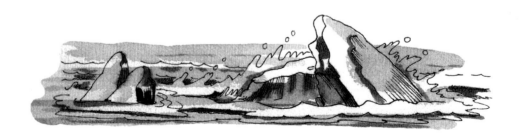

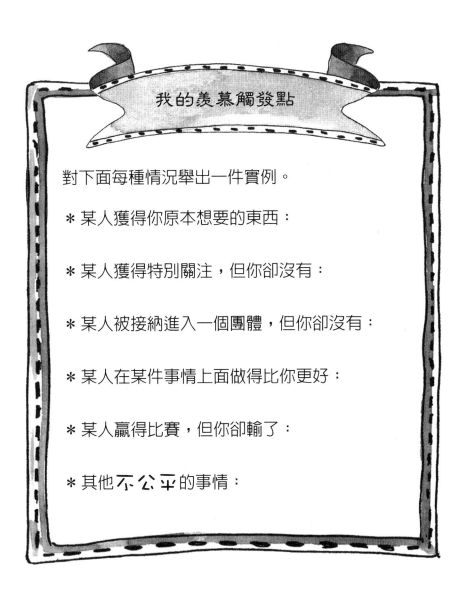

我的羨慕觸發點

對下面每種情況舉出一件實例。

＊ 某人獲得你原本想要的東西：

＊ 某人獲得特別關注，但你卻沒有：

＊ 某人被接納進入一個團體，但你卻沒有：

＊ 某人在某件事情上面做得比你更好：

＊ 某人贏得比賽，但你卻輸了：

＊ 其他**不公平**的事情：

讓你最不開心或經常出現的事情畫☆☆☆；讓你有一點不開心或有時候出現的事情畫☆☆；若是它不是什麼大問題，就畫☆。

試著把你的羨慕觸發點想像成淺水灘中的石頭。你必須在這些石頭當中小心地掌舵，以便讓你的船重新回到大海。第一步就是找出你被羨慕觸發點所引發的羨慕想法。

　　想像一下，你剛好經過朋友愛莉森的家，看到有好多朋友來她家玩，但她卻從未找過你。每個人都玩得很盡興，彼此用噴射水槍或水罐噴來噴去。有些人甚至還有水球呢！

　　花一點時間想一下，如果這種情況真的發生，你可能會有什麼想法。你能列舉出進入腦海中的三個羨慕想法嗎？

1.

2.

3.

　　下一步是挑戰你的羨慕想法，並且把它們引到比較平靜的水域去。

48

挑戰想法可以是看事情的另一種方式，不然這些想法也可以讓我們了解到，我們的羨慕想法其實沒什麼道理。如果某人對於被遺漏有出現羨慕想法，他可以用以下這些想法來對羨慕想法提出挑戰：

◎ 我有被邀請去參加許多其他聚會。

◎ 我媽媽不喜歡我一次邀太多人來我家，我猜我朋友的媽媽可能也是這樣。

◎ 如果我騎腳踏車出去，通常可以找到一些朋友一起玩。

　　這些想法是不是比一開始跳出來的羨慕想法更符合現實狀況呢？一般來說，一旦你用更符合現實的方式來看待事情，那些羨慕感覺就會減少。現在換你了，請想出三種想法來證明，當初你覺得被遺漏時，所出現的羨慕想法其實沒什麼道理：

1.

2.

3.

　　怎麼樣？這些想法是不是比較有道理？有沒有讓你比較不會那麼不開心？

現在，請拿出兩支蠟筆或色鉛筆，一支紅色，一支藍色。紅色代表激動、不開心的想法，用它來圈出**羨慕想法**。藍色代表冷靜、平和的想法，用它來圈出**挑戰想法**。

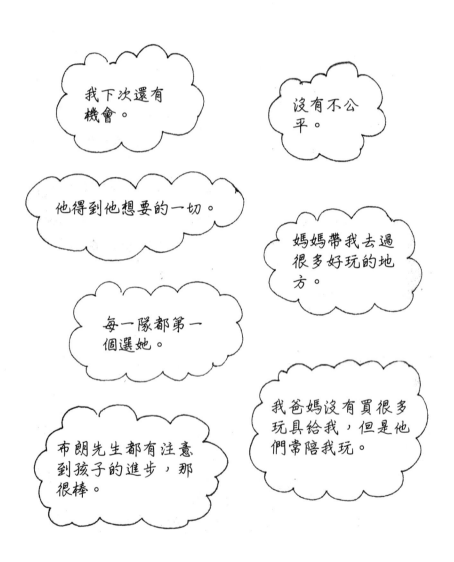

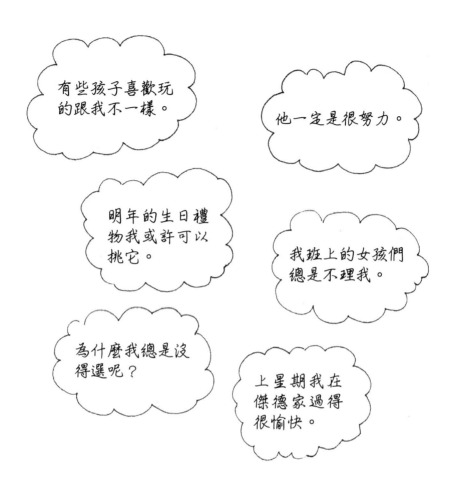

　　你越來越能夠把你的船開得離羨慕越遠了！你已經學會放下望遠鏡，這樣你就不會忽略重要的東西，同時你也發現，改變想法可以讓你的感覺變得很不一樣哦！在破浪前進中，你甚至也已經練習過如何放掉你的某些羨慕。透過所有這些，你將成為一位真正有智慧的船長，並且讓你的船繼續航行。

第五章

起錨

你有過朋友不斷在比賽中打敗你的經驗嗎?你感覺很糟,甚至有點生氣嗎?假如有,或許你會有下面這些羨慕想法中的某些想法(即使當時你並不了解那就是羨慕想法):

◎ 我們**總是**玩他擅長的遊戲。

◎ 所有好運**都**在他那邊。

◎ 我**從未**贏過。

我們再來看看這些羨慕想法。你有發現到每句話都充滿無望，而且好像永遠都會是這樣嗎？這樣的想法可能會讓孩子不想再繼續玩遊戲。

　　一旦你這樣想，那就像你拋下一個很重的錨——你的船根本無法再繼續前進。

　　你必須拉起那個錨。以下的方法可以幫助你用不同的方式來想想。問問你自己：發生的事情會永遠持續下去，或者只是暫時這樣呢？

　　一開始看起來你卡住的不好狀況好像**永遠**不會消失，假如真是如此，你的**羨慕**當真會讓你覺得很糟！

　　你感覺很糟，因此你不想再跟你朋友玩，甚至不想再見到他了。

　　哇！那真的很難過！

透過想一想**暫時想法**（FOR NOW THOUGHT），來讓羨慕之錨停止運作。

我們來試看看。你的朋友將會贏得每一次比賽，永遠嗎？或是你認為他下次會贏，下下次會贏？有可能你因練習而變得更會玩，然後贏得下一次嗎？或是玩不同的遊戲有可能贏嗎？

如果你的朋友一直贏，可能表面上看起來似乎會永遠如此，但事實上，假如你可以想一想，還是有可能會有所改變。更重要的是，你不會永遠和你朋友玩這個遊戲。

因此，你可以想想一些暫時想法：

◎ 我想他今天真的很投入這個遊戲，但是他昨天有跟我玩我想玩的遊戲。

◎ 他很高興他今天玩得很棒。

◎ 如果我們繼續玩，我也會因為練習而變得越來越厲害。

這些**暫時**想法或許無法讓你感到真正快樂，甚至最後你會覺得無聊或不耐煩，但這總好過於你覺得跟你朋友在一起都不好玩。

父母可以決定家人去一間他們喜歡、但你卻不喜歡的餐廳聚餐，你曾經羨慕可以做這種決定的權力嗎？真不公平！你想要有選擇餐廳的權力！或者，你朋友選擇玩別的孩子建議的遊戲，而不是你一直以來都很期待跟大家一起玩、真正有趣的活動。

　　什麼樣的**永遠**想法有時候會進到你的腦子裡呢？

◎ 「我父母永遠不會讓我選擇去我最喜歡的餐廳吃飯。」

◎ 「我朋友從不跟我玩我想玩的活動。」

　　你如何運用**暫時**想法來對抗這些**永遠**想法呢？

◎ 「下次或許我可以選擇去哪一家餐廳。」

◎ 「這些朋友不喜歡玩捉迷藏，我可以找別的朋友玩捉迷藏。」

　　暫時想法是不是比較合乎實際狀況呢？

　　記得問問自己：發生的事情會**永遠**持續下去，或者只是**暫時**這樣呢？

想想在島嶼之間航行以尋找寶藏的那個船長。他必須把船的錨拉起來，才能繼續前進。如果他不把錨拉起來，他就不能得到寶藏。**永遠**想法會讓你卡住，你要多

暫時想法

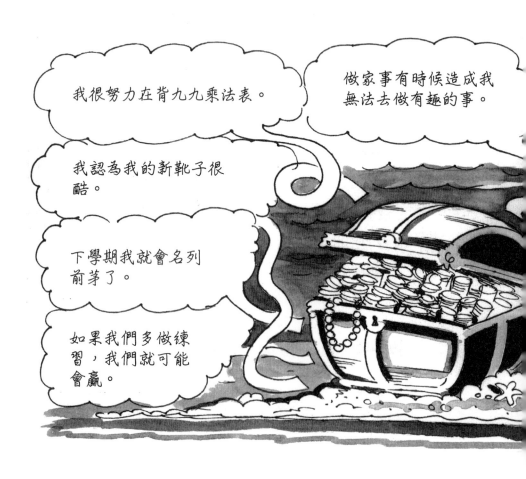

我很努力在背九九乘法表。

做家事有時候造成我無法去做有趣的事。

我認為我的新靴子很酷。

下學期我就會名列前茅了。

如果我們多做練習，我們就可能會贏。

運用**暫時**想法把你的錨拉起來，才能夠到你想去的地方。你練習得越多，你就越能夠在羨慕導火線出現的時候運用它們。以下有更多的例子：

永遠想法

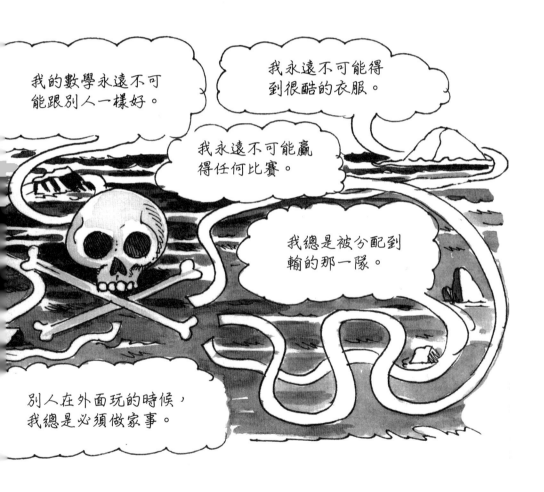

我的數學永遠不可能跟別人一樣好。

我永遠不可能得到很酷的衣服。

我永遠不可能贏得任何比賽。

我總是被分配到輸的那一隊。

別人在外面玩的時候，我總是必須做家事。

暫時想法並不是要你認為每件事都可以獲得解決。你還是必須輪流等待機會，接受有時候不能按照自己的意思來做，或是體認到自己在某些方面並不一定能夠隨時保持最好的狀況。儘管如此，這些想法通常可以讓你覺得好過一點。**永遠**想法通常會讓你覺得不舒服、無望和卡住。可以試試看哦！在下面這幾張孩子的臉上畫上表情，以便顯示他們的想法會如何影響他們的感覺。假如他們改變想法，你覺得他們的表情會改變嗎？

在下星期當中，請你父母在你的羨慕心情引發**永遠**想法的時候提醒你。把它們寫下來。一旦你有時間可以坐下來思考，試著針對每一個觸發點想出一個**暫時**想法。如果**暫時**想法有助於你感覺好一點，就在「起錨了嗎？」那個欄位打勾。

羨慕觸發點　　　　　永遠想法

1. _____　　_____

   _____　　_____

   _____　　_____

2. _____　　_____

   _____　　_____

   _____　　_____

3. _____　　_____

   _____　　_____

   _____　　_____

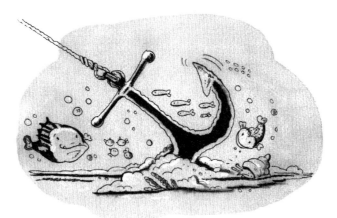

暫時想法 　　　　　　　　　　　　　起錨了嗎？

_____

_____

_____　　　　　_____

_____

_____

_____　　　　　_____

_____

_____

_____　　　　　_____

　　做得好！一旦你拉起你的錨，你就有機會獲得寶藏。

第六章

減輕你的負擔

在一艘海盜船上，海盜船長就是老闆，由他來決定船要駛向何方，還有每個人在船上該做的事情。如果海盜船長要某個夥伴規劃一下駛向奇航島的路線，第二位夥伴可能會感到羨慕，他腦中出現的第一個念頭可能會是，「為什麼每次都是他先研究地圖？」

孩子在學校經常會有羨慕想法。有時候老師給了某個同學特別的關心，很多孩子在腦中就會出現羨慕想法。

看看這張圖片。這個孩子正出現「每一次都這樣」之類的想法，而且他的想法使得他超級羨慕喬。如果他想的是發生的事情只有「這一次」，他可能就不會有那麼強烈的羨慕心情。

每一次想法就像是一種沉重負擔，它會讓你的船減速。只要把你的**每一次**想法改換到**這一次**想法，你就可以減輕負擔。

下面是另一個例子。潔思敏的班上即將有一位特別的訪客到來，那位訪客是一位很有名的作家，就住在學校附近，因此每位同學都很期待見到她。瓊斯女士對班上同學說她需要有一位同學帶這位訪客到校園走走，並且坐她旁邊陪她吃中餐。瓊斯女士說：「潔思敏，我想要由妳來招待我們的客人。」嗯，接下來的情況你可以想像得到！某些孩子的腦中開始跑出**每一次想法**！

你有留意到這些孩子使用像是「總是」和「每一次」之類的字眼嗎？這些字眼是一種線索，可以知道他們認為發生的事情並不只是現在發生，而是一直在發生。

我們來幫助這些孩子改變腦中跑出的**每一次想法**，然後試試看**這一次想法**。這個圖片中有兩個例子，你還可以想出其他例子嗎？

我們來看看另一個例子。瑪莉亞很生氣，因為今天教練沒有派她上場比賽。

教練永遠都不會派我上場比賽。

請幫助瑪麗亞把每一次想法改換到這一次想法。在這種情況下，她可以對自己說什麼呢？

　　所以，下一次羨慕想法讓你不舒服時，問問你自己，你是不是把只有**這一次**發生的事情想成**每一次**都發生，搞得你的船越來越沉重呢？

　　一旦你減輕了負擔，你就會加速前進！

第七章
別人羨慕你的時候

獨眼皮寶是一位了不起的海盜！他擁有一艘大船，也有很多寶藏，但他也需要朋友。獨眼皮寶知道，如果義肢馬克覺得羨慕的話，他們就做不了朋友，因此皮寶想要讓馬克感覺好一點。他知道不可以誇耀自己的船比馬克的船更大、開得更快，也不可以誇耀自己的藏寶箱滿滿都是金幣。馬克在旁邊的時候，皮寶一點都不炫耀自己。

既然你已經有了許多處理羨慕的技巧，現在你需要學習一些技巧來面對別人羨慕你的時候。

　　你剛買了一項很酷的電子新產品，而你的朋友都很羨慕，這時你該怎麼辦？

　　你贏得比賽的時候，該怎麼辦？

　　你爸爸帶你去釣魚，但是你弟弟和妹妹卻不能去的時候，你該怎麼辦？

　　你無法控制別人的感覺，但是你卻可以對別人的感覺表達善意和體貼。也就是說，你可以表達**同理心**。

有**同理心**代表能夠了解別人在某一個情境下可能會有什麼感覺。以下是一些例子：

情境	感覺
你家隔壁鄰居住著一位老奶奶，但她的孫子們都住得很遠。	她可能會覺得孤單。
你表哥正要去他最喜歡的遊樂園玩。	他可能會覺得很興奮。
有一個小朋友正在哭，因爲他剛剛搭無篷乾草卡車夜遊回來。	他可能會覺得害怕。
你的妹妹不小心放掉手上的氣球，結果氣球飛走了。	她可能會覺得難過。

　　若是你能對別人表示說你了解他們內心的不好感覺，這會幫助他們感覺好一點。還有，如果你能了解他們的感覺，你就比較不會做出引發他們羨慕想法的事情。

解讀下面這些字詞，以便了解這些孩子有什麼感覺。

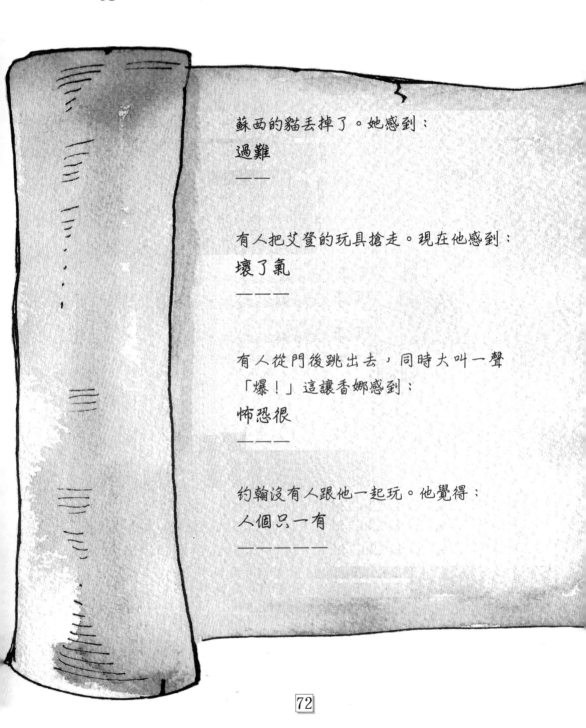

蘇西的貓丟掉了。她感到：
過難
——

有人把艾登的玩具搶走。現在他感到：
壞了氣
———

有人從門後跳出去，同時大叫一聲
「爆！」這讓香娜感到：
怖恐很
———

約翰沒有人跟他一起玩。他覺得：
人個只一有
——————

羅伯拍攝的照片入選學校的藝術
展。他覺得：

興非高常

—————

蘿莉跌了一跤，把牛奶撒在地板上。她感到：

自心不怪己小責

————————

那維亞必須在班上做報告。他感到：

張的緊當相

—————

今天是莉亞的生日。她覺得：

奮级興超

—————

從別人的表情、從他們所說的話，以及從你的常識來判斷，你通常可以猜想得到別人有何感覺。接下來你就可以用一種有用的方式來說話和行動。

我們來看看別人可能會羨慕你的幾個例子。你可以怎麼說呢？圈選出有同理心的**回應**。

1. 妳的老師挑選妳來扮演學校演劇中的主角，但是妳的同學莎拉也很想要扮演那個角色。

「我得到這個角色是因爲妳沒辦法記住那些台詞。」

「我認爲妳是一位很棒的演員，妳願意幫我練習台詞嗎？」

2. 你剛剛在比數很接近的網球比賽中擊敗你的朋友。

「很棒的比賽。你眞的打得很好，我們找時間再比一次。」

「耶！我贏了！」

3. 你妹妹無法看到她最喜愛的電視節目，但是你可以。

「哈哈，妳不能看！」

「很可惜妳看不到節目。」

在以下別人羨慕你的情況下，你可以說什麼呢？請在空白處填寫你的回應。提示：請記住有助於你對抗羨慕想法的那類想法。想像一下別人的**羨慕想法**，然後想出一個可以幫助他們覺得好一點的**挑戰想法**。

你考試得B級分，但你同屬好學生的朋友卻得到C級分。

_____

_____

你擁有一台個人平板電腦，但你朋友在家卻必須與家人共用一台桌上型電腦。

_____

_____

你獲邀參加某個聚會，但你朋友卻沒有。

_____

_____

你的隊伍在足球延長賽中踢進超前分而獲勝，但你的朋友卻是對方隊伍的守門員。

_____

_____

在你獲得某種特殊權利，贏得某個比賽，或是得到某個新東西的時候，感到高興是很正常的一件事，但是要留意的是，在表達興奮的時候不要去傷害到別人的感覺。總是有其他的時間和地方讓你大喊「**讚啊！**」。

第八章

保持平衡

對自己有怎樣的感覺就像是走在一片有點搖晃的板子上面，一大半時間你可以站得穩，但有時候你會快要失去平衡，必須努力平衡自己的身體，才能繼續走下去。

對自己感覺很好的人，在生活中可以保持平衡。

若是你對自己感覺很好，羨慕就不太能夠干擾你。對自己感覺很好比表面上看起來更爲複雜。它並不意味著你很完美，或是你對每件事都很厲害，或是你要有很突出的表現。它意味著你尊重自己，可以面對自己的感覺，還有覺得自己是一個蠻好的人。

對自己感覺不好的人可能就難以保持平衡。像是羨慕這類強烈的感覺可能就會引起他們的生氣和難過。接下來，他們可能就會做出一些讓自己惹上麻煩的行爲。

關於你

回答以下問題：

1. 你最喜歡的遊戲是什麼？ _____

2. 上一次你所做眞正很棒的決定是什麼？

_____

3. 上一次你取笑自己是在什麼時候？

_____

4. 你最喜歡學校裡的什麼事情？ _____

5. 上一次有人稱讚你是爲了什麼事情？

_____

6. 上一次你對別人稱讚是爲了什麼事情？

_____

7. 你最喜歡的顏色是什麼？ _____

8. 寫下一位朋友的名字。你最喜歡他（她）什麼？

_____

9. 你的朋友會怎麼形容你？ _____

10. 上一次你真正很努力做而沒有放棄的事情是什麼？

_____

11. 你最喜歡吃哪一類的餐點？ _____

12. 你長大之後想做什麼？ _____

13. 你怎樣維護自己的主張？ _____

14. 你過去如何幫助別人？ _____

　　看一下你的回答。這樣的你是不是很棒？如果你願意，你可以問父母同樣的問題。聽到更多關於你的事情，將會是一件很有趣的事情哦！

　　記住，對自己感覺很好並不是要當第一名，也並不是因為你贏得很多獎項或成績都是A級分；它跟你是怎樣的一個人比較有關係。它跟做你自己以及做一些讓你感到自豪的事情比較有關係。

以下是另一個可以嘗試的遊戲。

你們全家人應該會喜歡「我喜歡你……」之類的遊戲。這個遊戲可以利用晚餐時間在餐桌上進行。第一次玩的時候，先由一位父母轉向右手邊的那個人。

80

然後說出後者所做的一些讓前者感到高興、印象深刻，或是讓他感到意外的正面事情，或者是對後者表示自己從他身上學到某件事情。

持續這個過程，直到每個人都講過一遍。相反方向再做一遍。

一旦你對自己感覺很好，搖晃的板子就不會造成你的困擾。你就可以抬頭挺胸，**繼續前進**！

第九章

照顧自己

海盜會面臨令人挫折和不舒服的各種困難。有時候他們可以輕鬆處理，但有時候一陣強風或一個大浪過來，就可能讓他們找不到寶藏。

即使是對自己感覺很好的孩子，有時候還是會被羨慕影響而偏離正常軌道。

　　一旦人們有了強烈的感覺，他們就會感受身上有壓力。

　　人們體驗到壓力的方式有下面幾種：

◎ 感到緊張

◎ 無法喘息的感覺

◎ 胃痛

◎ 發抖或頭暈

◎ 睡眠困難

◎ 臉紅或冒汗

　　一旦你感受到壓力，你就很難有清晰的思考；如果你想要挑戰羨慕想法，你必須有清晰的思考。

透過學會怎麼放鬆，你就可以有清晰的思考，也可以化解一些困難的情況。

放鬆的方式有很多種，每一種可能都會有幫助。列出你喜歡使用的放鬆方式：

1.

2.

3.

4.

你有列到下面幾種方式嗎？

◎ 聽音樂

◎ 玩遊戲

◎ 和朋友聊天

◎ 閱讀書籍

◎ 畫圖

有許多方式可以用來照顧你自己，然後你就可以處理羨慕。做一些放鬆的事情、有充足的睡眠、健康飲食，以及運動都很重要，因為這些方法都會讓你的身體和心理感覺很好。

除了照顧自己的平常方式以外，你也可以練習瑜珈來減緩自己對壓力的反應。

瑜珈是結合緩和呼吸、伸展和平靜心靈的一種運動方式。如果你能一周練習幾次瑜珈，你的身體就能學會用更平靜的方式來回應壓力。當你出現羨慕的時候，你就不會太過緊張，於是你就會記得你的挑戰想法和其他策略。

以下幾頁將會告訴你一些你可以嘗試的瑜珈練習——緩和呼吸、伸展以及平靜心靈。儘量每周可以多練習幾次。

只要你有練習放鬆，你會發現自己更容易處理強烈的情緒。然後，當你感到羨慕的時候，它就不再像過去那樣困擾你，而你也會覺得自己更加強壯、更能控制自己，並且更能對抗你的羨慕想法。

試著做一些瑜珈，看看是否有助於你保持平靜。

緩和呼吸

首先，背靠著地上躺下來，膝蓋彎曲。

吸氣 2..3..4...

呼氣 2..3..4...

把你的雙手放在肚子上面。留意你的吸氣和呼氣。你注意到你的肚子漲起來又縮下去了嗎？現在試著慢慢地呼吸 —— 吸氣，心中數著2，3，4……呼氣，心中數著2，3，4。

如果你的心思開始游移不定，就重新留意你的呼吸。

吸氣的時候感覺到你的肚子變得又大又圓，呼氣的時候逐漸變平。

試著吸氣和呼氣各五到十次。啊哈，有沒有感覺很棒啊？

伸展

以下是你可以嘗試的一些瑜珈姿勢。你可以選擇做那些你感覺自在的姿勢。

貓─牛姿勢

雙手手掌和膝蓋接觸地面。

把你的背盡可能抬高,讓你自己好像一隻正在做伸展運動的貓。

接下來把你的背盡可能下沉,好像一隻乳牛一樣。

貓和牛的姿勢輪流各做五次。

山 / 舉臂

雙腳與肩同寬站直，雙手自然垂在兩側。

像山一樣挺直站立。

雙手舉高過頭，並且盡可能往上舉。

把雙手放下，再次像山一樣挺直站立。

重複做五次。

樹

一開始像山一樣挺直站立，眼睛直視前方。

舉起右腳、膝蓋彎曲，並且將右腳腳掌放在左腳上面。想像一下樹根正從你的左腳深入地下。

讓你的左腳像樹幹一樣強壯不倒。

把雙手像樹枝一樣往上伸展。如果身體傾倒了，就重新再試一次。

換邊再做。

飛機

雙腳挺直站立。

把雙手盡可能往兩邊外側拉。

把右腳往後抬高，頭擺正但眼睛直視前方。盡可能保持你的頭和身體與抬高的那隻腳成一直線。

持續保持雙手盡可能往兩邊外側拉。

換腳再做。

眼鏡蛇

肚子靠著地上趴下，頭部微微抬高。

盡可能往後伸展你的雙腳。

雙腳併攏。

雙手手掌與肩同寬壓住地
面，把頭部和胸膛撐高。

假裝自己是一尾眼
鏡蛇，甚至還可以發出
嘶嘶聲！

背部放下，休息一下，然後再做。

重複做三次。

平靜心靈

　　背靠地上躺著，雙腿自然張開，雙手自然放在身體兩側，手掌朝上。

　　閉上眼睛休息。

　　慢慢地做深呼吸。

　　感覺你的身體開始放鬆。

　　保持這個姿勢10到15分鐘，不急的話，可以更久。

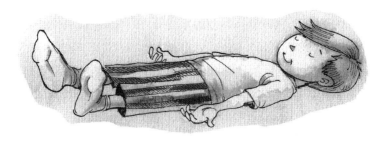

　　只要你有練習放鬆，你就更能夠處理壓力。你就更能夠面對你的感覺，羨慕就不再能造成你的困擾。

第十章

你一定能做得到！

你可以不必當一個陷在「不公平」船錨中的可憐船長，只要放下你的望遠鏡，你就可以更輕鬆地在海上航行，隨意看近或遠眺，自在駕馭起伏的波浪，並且掌握新的思考方式。

羨慕的感覺可能會影響所有年齡的人，但你可以學習避免受到羨慕的干擾——如此一來，你就可以過得更好、感覺更好。

現在你已經知道如何處理羨慕。你可以確認出**觸發點**及**羨慕想法**，同時你也可以找出合理的**挑戰想法**。書中的一些練習並不容易，但只要你持續練習，你就會發現它們可以幫助你在羨慕出現的時候，對不舒服的感覺處理得更好。

總有些時候，別人會贏、有你想要的東西、得到更多關注，或是對某件事情更厲害，但是你可以處理它。羨慕並不一定會是你的問題。

記住：

打開你的視野。

挑戰你的羨慕想法。

問你自己，這件事是每次都這樣發生，
還是只發生這一次。

避免「永遠」想法。

盡可能拋開羨慕。

對自己感覺很好。

好好照顧自己。

羨慕就不見了。

海盜之歌

我沒被邀請

我沒被選上

每件事都很不公平

我並非最好

我想要玩具

但沒有人在乎

我哭泣，我煩憂

然後逃跑

我的羨慕急速增長

於是我讀了這本書

啊喝！

我把所有都拋下了

我放下我的望眼鏡

改變了想法

專注在此時此地

雖然並不容易

我仍然繼續前進

準備要完成我的目標

恭喜

恭喜！把你的名字寫在船上，準備啓航。

國家圖書館出版品預行編目資料

面對不公平怎麼辦？：幫助孩子處理羨慕與忌
妒/Jacqueline B. Toner, Claire A. B.
Freeland著；David Thompson繪圖；陳信
昭，陳玠綸譯.--二版.--臺北市：書泉出版
社,2023.09
　面；　公分
譯自:What to do when it's not fair : a kid's
guide to handling envy and jealousy
ISBN 978-986-451-331-4 (平裝)
1.CST: 親職教育　2.CST: 兒童心理學
528.2　　　　　　　　　　　　　112011046

3IDJ

面對不公平怎麼辦？
幫助孩子處理羨慕與忌妒

作　　　者／Jecqueline B. Toner, PhD

　　　　　　Claire A. B. Freeland, PhD

繪　　　圖／David Thompson

策 劃 者／自然就好心理諮商所

審 閱 者／陳信昭

譯　　　者／陳信昭　陳玠綸

發 行 人／楊榮川

總 經 理／楊士清

總 編 輯／楊秀麗

副總編輯／黃文瓊

責任編輯／李敏華

封面設計／陳亭瑋

出 版 者／書泉出版社

地　　　址：106臺北市大安區和平東路二段339號4樓

電　　　話：(02)2705-5066　　傳　　真：(02)2706-6100

網　　　址：https://www.wunan.com.tw

劃撥帳號：01303853

戶　　　名：書泉出版社

總 經 銷：貿騰發賣股份有限公司

電　　　話：(02)8227-5988　　傳　　真：(02)8227-5989

網　　　址：www.namode.com

法律顧問　林勝安律師

出版日期　2016年3月初版一刷
　　　　　2023年9月二版一刷

定　　　價　新臺幣250元